Hinte

Gedich … en

Herausg

Reclam

Meiner Schwester Co gewidmet

RECLAMS UNIVERSAL-BIBLIOTHEK Nr. 19530
2018 Philipp Reclam jun. GmbH & Co. KG,
Siemensstraße 23, 71254 Ditzingen
Umschlagabbildung: Henry Moore (1831–1895), *A Fine Day at the Coast* (Getty Images / Fine Art Photographic)
Druck und Bindung: Canon Deutschland Business Services GmbH,
Siemensstraße 23, 71254 Ditzingen
Printed in Germany 2018

ISBN 978-3-15-019530-7

Hinter den Bäumen das Meer

Inhalt

Landschaften grün in der Geduld

Marschen

Ein heimliches Entzücken über Moränenrücken

Hügel und Seen

Heiden und Moore

Im Rücken die Wand vor Augen Wind
Ostseeküsten

Vorwort

Die beiden Meere, die See- und Flussmarschen und die Geröll- und Sandmassen, die in der Eiszeit zu uns transportiert und als Moränen abgelagert wurden, prägen das Landschaftsbild des Norddeutschen Tieflands, eines vielgestaltigen Naturraums, der sich von den Gestaden der Nord- und Ostsee bis zur Schwelle der deutschen Mittelgebirge erstreckt.

Seit etwa 250 Jahren – beginnend mit der literarischen Strömung der Empfindsamkeit – haben Dichter über Landschaften des norddeutschen Raums Gedichte geschrieben. Ihr Werk bietet eine verblüffend breite Palette von Naturbeschreibungen, Naturauffassungen und lyrischen Formen. Bevorzugte »Objekte« sind die Inseln, Watten und Gezeiten der Nordsee, die Förden, Kliffe und Bodden der Ostsee, die gräbendurchzogenen Wiesen und weiten Horizonte der Marschen und die verschiedenartigen Moränenlandschaften mit ihren sanften Hügeln, umwaldeten Seen, stillen Heiden und verwunschenen Mooren.

Die Anthologie bietet aus der Fülle solcher Naturgedichte eine Auswahl mit Beiträgen von Friedrich Gottlieb Klopstock bis zur Gegenwart. Die meisten Gedichte der Sammlung lassen sich der »traditionellen« Naturlyrik zuordnen; daneben finden sich einige Humoresken und – nach Art »moderner« Naturlyrik – auch einige zeitkritische Verse.

Alle Gedichte beziehen sich auf Gegenden in Norddeutschland; in Fällen, in denen der lokale Bezug nicht ohne weiteres zu erkennen ist, wird in den Anmerkungen ein entsprechender Hinweis gegeben.

Über die feuchten Watten spiegelt
der Abendschein

Nordsee

Graue Nacht liegt auf dem Meere
Und die kleinen Sterne glimmen.
Manchmal tönen in dem Wasser
Lange hingezogne Stimmen.

Dorten spielt der alte Nordwind
Mit den blanken Meereswellen,
Die wie Orgelpfeifen hüpfen,
Die wie Orgelpfeifen schwellen.

Heidnisch halb und halb auch kirchlich
Klingen diese Melodeien,
Steigen mutig in die Höhe,
Daß sich drob die Sterne freuen.

Und die Sterne, immer größer,
Glühen auf mit Lustgewimmel,
Und am Ende groß wie Sonnen
Schweifen sie umher am Himmel.

Zur Musik, die unten tönet,
Wirbeln sie die tollsten Weisen;
Sonnennachtigallen sind es,
Die dort oben strahlend kreisen.

Und das braust und schmettert mächtig,
Meer und Himmel hör ich singen,
Und ich fühle Riesenwollust
Stürmisch an mein Herze dringen.

Meeresstrand

Ans Haff nun fliegt die Möwe,
Und Dämmrung bricht herein;
Über die feuchten Watten
Spiegelt der Abendschein.

Graues Geflügel huschet
Neben dem Wasser her;
Wie Träume liegen die Inseln
Im Nebel auf dem Meer.

Ich höre des gärenden Schlammes
Geheimnisvollen Ton,
Einsames Vogelrufen –
So war es immer schon.

Noch einmal schauert leise
Und schweiget dann der Wind;
Vernehmlich werden die Stimmen,
Die über der Tiefe sind.

FERDINAND AVENARIUS

Nordlicht

Das ist eine Nacht der Einsamkeit –
Kein Menschenlicht im Dunkeln weit,
Von schwarzen Dünen nur Breiten und Dehnen
Und Steigen und Sinken, und Brandungstönen.

Dazwischen ein feines hohes Gesumm
Vom Sande und Dünenhafer ringsum,
Und dann und wann ein jäh erpreßter
Möwenschrei, störst du versteckte Nester.

Da – dort, sieh dort: ein Feuerschein
Glimmt, glüht jetzt über den Norden herein:
Müd rote Strahlen überhellen
Und überfluten Himmel und Wellen,

Und riesig in die Nacht hinaus
Feurige Arme reckt es aus,
Hoch über Land und Wasser ragend,
Ein Drohen ists, und doch ists klagend.

So hoheitsvoll und düster thront
Es erdfremd überm Horizont,
Wie eine Sonne, die nicht erhellt,
Wie eine Sonne der Unterwelt.*

* *Nordlicht:* Das Polarlicht reicht in seltenen Fällen bis in die Breiten der Nordsee und erscheint hier meist rötlich.

Strandbild

Weither, wo die Abendwolken
auf den grauen Wassern liegen,
drängen sich die Wellen, drüber
letzte blasse Lichter fliegen.

Drängen ruhlos sich und hasten,
um an diesem öden, bleichen
Strand zu sterben. Silbern leuchten
uferlängs die weißen Leichen.

Eine Möwe, müden Fluges,
setzt sich auf ein halbversandet
Wrack, das hier in einer dunklen
Wintersturmnacht einst gestrandet.

Wind am Strande

Wie todeseinsam uferlängs die Wogen,
Wie todeseinsam alte Uferweiden.
Es klagt der Wind. Weither ist er gezogen;
Er bringt ein Unruhlied von Wald und Haiden.

Im Sturme fegte er die großen Städte,
Um stille Lauben rauschten seine Schwingen.
Und wenn er jäh den Friedhof überwehte,
Entriß er Kränze, die an Kreuzen hingen.

Hinaus aufs Meer, und über Meere weiter,
Verliert er sich in fernen, schönen Landen,
Und schläft im Grase: wie ein müder Streiter,
Der lange, lange hat im Kampf gestanden.

Meeresleuchten

Aus des Meeres dunklen Tiefen
Stieg die Venus still empor,
Als die Nachtigallen riefen
In dem Hain, den sie erkor.

Und zum Spiegel, voll Verlangen,
Glätteten die Wogen sich,
Um ihr Bild noch aufzufangen,
Da sie selbst auf ewig wich.

Lächelnd gönnte sie dem feuchten
Element den letzten Blick,
Davon blieb dem Meer ein Leuchten
Bis auf diesen Tag zurück.*

* *Meeresleuchten:* eine von bestimmten Algenarten verursachte nächtliche Leuchterscheinung, die besonders in tropischen Meeren vorkommt und sich vereinzelt auch im Bereich der Nordsee zeigt.

Fata Morgana

Das Fernrohr her,
hier könnt ihr sehn
in Luft und Meer
schön grün geballt
ein Stückchen Wald
kapeister stehn,
und auch ein Kirchturm spießt nach unten,
und zwischen Häuschen, spielzeugbunten,
seht selbst ihr Leute auf dem Kopf,
als wär's in einem Zaubertopf,
in ihrem Dorf spazierengehn.*

* *Fata Morgana:* Luftspiegelungen lassen sich manchmal an der Nordsee beobachten, wenn über dem Meer eine optisch dünnere Warmluftschicht über einer optisch dichteren Kaltluftschicht liegt (Inversionslage). – *kapeister:* kopfüber.

Prolog zu einem Sturm

Das Meer grinst grün und glasiggrau,
die Fische fliehn in tieferes Geflute.
Sogar dem alten Kabeljau
ist recht gemischt zu Mute.

Verängstigt strebt ein Seepferdchen zum Stalle.
Der Tintenfisch legt voller Kunst
um den Palast aus alabasterner Koralle
zur Tarnung einen tintenblauen Dunst.

Die Fischer ziehn die Netze ein
mit düsterem Geraune –
und einer brummt dazwischen rein:
Klabautermann hat schlechte Laune.

Nordsee

Öd wölben Dünen sich wie Leichenhügel,
salzflutdurchnäßt, vom Wasser hochgespült,
vom Wind gehäuft, von Stürmen wild zerwühlt.
An Kieferstrünken hängen Möwenflügel,
die bleiches Morgenlicht umspielt.

Das Land verdüstern schwere Wolkenschatten.
Im dürren Strandgras schauert leis der Wind.
Es summt der Sand, der durch die Halme rinnt.
Aufatmend dampfen die befreiten Watten,
die scheu der Flut entstiegen sind.

Ins Graue greifend weitet sich die Küste.
Aus ihren kalten Armen flieht das Meer.
Es rollt hinaus, verrauschend, götterleer,
und schlägt zurück an weiche Dünenbrüste
in kampfesmüder Wiederkehr.

Septemberliche Nordsee

Warm wie August,
Gläserne Meeresgewalt,
In Nymphengestalt
Liegst du, September.

Das Mädchen fühlt sich gemeint,
Der Woge vereint.
Als ein Apfelschein
Spielt es in sie hinein.
Erinnerung nur noch Brust und Hüfte,
Sie geben zurück sich
An Fluten und Lüfte.

Bekannt – Unbekannt,
Erschreckt, Verwandt:
Fang mich an, wieder an,
Kühlender Guß,
Mit Versen erwidere
Ich deinen Kuß.

THERESE CHROMIK

Watt in der Meldorfer Bucht

Im Wechsel der Gezeiten
kommt und geht das Wasser
über das Watt,
zweimal am Tag die Flut,
zweimal am Tag die Ebbe,
zuverlässig und berechenbar.

Pflanzen und Tiere spielen mit,
und der Mensch gewinnt
von Jahr zu Jahr, schon baut
er Häuser am Meeresrand.
Friedlich die weiße Schaumkante –
von der Flut landeinwärts geschoben.

Die Flandrische Transgression,
wann war sie noch?
Vor Menschen Gedenken.*

* *Flandrische Transgression:* nacheiszeitlicher Anstieg des Meeresspiegels.

Besitzverhältnisse

Das Wattenmeer
an der Nordseeküste
gehört weder der Bundesrepublik
noch Holland oder Dänemark,
es gehört nicht der ESSO
und nicht der BP,
es gehört einzig und allein
den Strandläufern und Wattschnecken,
den Pfahl- und Pfeffermuscheln,
den Krabben und Garnelen,
den Seeskorpionen,
den Schollen und Heringen,
den Stinten und Stichlingen,
den Sprotten und den Seezungen,

den Seehunden und Kegelrobben,
den Austernfischern,
den Strandläufern,
den Ringelgänsen und Eiderenten,
den Säbelschnäblern und Regenpfeifern,
den Möwen und den Seeschwalben,
es gehört dem Vogelschutzwärter
von Scharhörn und den keuschen
Nackedeis von Sylt, und ich
plädiere entschieden dafür,
an diesen Besitzverhältnissen
nichts zu ändern.

Verwirrend kreist der Deich
um ihre Wohner

Friesische Inseln

Die Insel

Nordsee

I

Die nächste Flut verwischt den Weg im Watt,
und alles wird auf allen Seiten gleich;
die kleine Insel draußen aber hat
die Augen zu; verwirrend kreist der Deich

um ihre Wohner, die in einen Schlaf
geboren werden, drin sie viele Welten
verwechseln, schweigend; denn sie reden selten,
und jeder Satz ist wie ein Epitaph

für etwas Angeschwemmtes, Unbekanntes,
das unerklärt zu ihnen kommt und bleibt.
Und so ist alles was ihr Blick beschreibt

von Kindheit an: nicht auf sie Angewandtes,
zu Großes, Rücksichtsloses, Hergesandtes,
das ihre Einsamkeit noch übertreibt.

II

Als läge er in einem Krater-Kreise
auf einem Mond: ist jeder Hof umdämmt,
und drin die Gärten sind auf gleiche Weise
gekleidet und wie Waisen gleich gekämmt

von jenem Sturm, der sie so rauh erzieht
und tagelang sie bange macht mit Toden.
Dann sitzt man in den Häusern drin und sieht
in schiefen Spiegeln was auf den Kommoden

Seltsames steht. Und einer von den Söhnen
tritt abends vor die Tür und zieht ein Tönen
aus der Harmonika wie Weinen weich;

so hörte ers in einem fremden Hafen –.
Und draußen formt sich eines von den Schafen
ganz groß, fast drohend, auf dem Außendeich.

III

Nah ist nur Innres; alles andre fern.
Und dieses Innere gedrängt und täglich
mit allem überfüllt und ganz unsäglich.
Die Insel ist wie ein kleiner Stern

welchen der Raum nicht merkt und stumm zerstört
in seinem unbewußten Furchtbarsein,
so daß er, unerhellt und überhört,
allein

damit dies alles doch ein Ende nehme
dunkel auf einer selbsterfundnen Bahn
versucht zu gehen, blindlings, nicht im Plan
der Wandelsterne, Sonnen und Systeme.

Im Februar kommen die Eissturmvögel

Im Februar kommen die Eissturmvögel
Das Jahr über geborene Einhandsegler
Einmal geschlüpft auf der Wetterseite des Felsens
Und in alle Winde zerstreut
Jetzt üben sie paarweise den Aufschießer

Über der Felskante schweben die Silbermöwen im Aufwind
Den roten Fleck auf dem Schnabel
Die Spitze zu einem Haken gebogen
Sieben Häute und sieben Mägen*

* Gemeint sind die Eissturmvögel der Insel Helgoland.

Kleine Borkumer Notizen

April – Mai 1982

Das Geräusch der Brandung:
unvorstellbar viele Stimmen
reden darin, doch
keine kommt zu Wort.

Jede erzählt ihre eigene Geschichte.
Alle zusammen
sind sie das Rauschen
des immergleichen Traums.

Strand, große Tafel
für die Schriftzeichen des Windes,
des Wassers und der Möwenfüße,
Auslagentisch
für die Geschenke der Flut.
Bald kommen die Menschen
mit Plastiktüten und Orangenschalen
und ihrem schrillen Geschrei.

Und nun die Wolken:
schon wieder anders,
trotzdem bekannt.
Der Zufall narrt mich,
das Gesetz beruhigt mich.
Das Veränderliche bleibt sich gleich,
doch nichts kann ich behalten.

Muschelschalen,
die kleinen Kunstwerke der See,
knirschen unter meinen Schritten.
Auch meine Spur
ist schon ausgelöscht.

Die Sonne geht unter,
löscht ihre Glut im Meer.
Der Mond geht auf,
kühlt das Wasser
mit seinem Licht.

Es ist Nacht:
Die Wellen rauschen durch meinen Traum
und werfen mich an Land.
Es ist Tag:
Ich gehe zum Wasser.
Mein Traum will mich
hineinstürzen.

Der Schatten des Flügels der Möwe
hat mich gestreift.
Ja, ich war hier, ich lebte.
Es war ein Augenblick.

Norderney

Weg.
Begehbar.
Das Wort stürzt
in den Wind Es könnte
mich treffen käm er
den Dünen entgegen
sanfter dem kargen Gesträuch
behutsam.

Aber er schleift
in wechselndem Licht alle
verfügbaren Messer schneidet
dem Land ein Mal
ins Gesicht

daß ich es suchen muß
tags drauf und nur erkenn

am Möwenlaut
der in Getötetes Fährt: Das liegt

regengewaschen schaum
verziert am Weg der
begehbar ist
in wechselndem
Licht Salz
Wasser peitscht mir
die Wangen löscht meine
Spur.

MEINO NAUMANN

Odysseus strandet auf Spiekeroog

Aus den grünen Nordseewellen,
die mein Griechenschiff zerspellen,
wirft die Göttin mich ans Land.
Vor mir weiter, öder Strand,
fern die Kette hoher Dünen.
Ach, Ihr Götter, muß ich sühnen
meine Neugier, meinen Drang
in die Weite ewiglang?
Laßt hier enden meine Reise,
fern von Hellas' Sagenkreise,
laßt mich niemals wiederkehren,
unbekannt sein allen Meeren!
Meine Fahrt durch alle Zeiten
ende jetzt in diesen Breiten!

Nie mehr als Symbol erneuert
für den, der sein Leben steuert;
und der Harte, Listenreiche,
wird der Fühlende, der Weiche!
Große Göttin, gib mich frei!
Diese Nordseeinsel sei
allerletzter Aufenthalt,
auch wenn's nördlich, neblig, kalt!
Bevor ich nach Ithaka,
naht mir hier Nausikaa,
nackt und sechzehn, straff und schlank,
hilfsbereit – den Göttern Dank!

(Und statt zur Penelopé,
trinke ich Ostfriesentee.)

Wangeroog

Im Zelt der gelb-rot-blauen Knatterfahnen:
Familie Münzeburg, Familie Geldmann.
Maria gähnt, doch Wolf ist immer Weltmann.
(Die Regenbö.) Ein Gleiches in Romanen.

Karl-Ernst und Rudi können weder kahnen
Noch baden heut', den kleinen Spaten hält man
Gelangweilt in der kleinen Faust. Oft bellt man
Fliegende Wolken an, die breite Bahnen

Des Strands verdunkeln, die nach Zelten greifen,
Auf schwärzliche Hotels wie große Dohlen
Sich senken. Nun das Meer – in Wellenstreifen
Graugrün zerklaffte – sich an den dunstigen Molen
Zahllos verschäumt, um einsam sie zu seifen,
Und Tang aufrauscht an blanken Holzkonsolen.

Insel Föhr

Überm Deich

Mit Elfenfüßen überläuft der Wind den Priel,
Mit goldenen Locken
Labkraut den Deich,
Wolken spinnt der himmlische Rocken,
Schafwolle gleich.
Einbein, der Austernfischer, steht am Siel:
»Luft und Wasser und Salz ist, was ich hab.«
Sein Schnabel hütet sie, magischer Stab.

Schwarze Schuhe

Das Meer hat bodenlose Täler und Krater
Der Himmel Kuppeln und Gipfel darüber.
Die Falten des grünen Meers im Dezember
Lappen über die Barkasse samt Personal
Den angezündeten Christbaum. Der Lotse
War natürlich kein Lotse und vierhundert
Schwarze Schuhe werden an Land gespült.
Es lassen sich später wieder Paare
Zusammenstellen am Ufer der Hallig
Eiliges Strandgut kurz vor dem Fest
Dies und das seit Menschengedenken.
Es ist ein leichtes Leben hier am
Rande des Wassers wenn nicht die
Ölpest den Anblick verdirbt Vogelkadaver
Ein- und ausgeatmet vom grünen so
Grünen Meer im Dezember.

In den Dünen

Weite, möwenüberkreiste
Dünentäler, menschenlose;
rechts die See und ihr Getose,
links das Haff, das sturmverwaiste.

Alte Dörfer in den Watten,
in der Flut und unterm Sande …
Sonnenleuchten, Wolkenschatten
über einem Märchenlande …*

* Gemeint sind die Dünen bei Rantum (Sylt).

sylt

grau
hell
blau
grün
flut
ebbe
luft
wind
sand
gras:
zupf
zaus
zurr
lach
lauf!

KURT DRAWERT

Sylt. Eine Ansichtskarte

Die meisten Schafe
sind schwarz –
das war der stärkste Eindruck
in diesem Sommer.

Auch der Wind vor der Haustür:
ausnahmslos
gegen die Laufrichtung gestellt,
wie im richtigen Leben.

Die Tage verbrannten sich,
wie überall, von allein,
auch für mich noch bezahlbar
mit ein paar Sätzen

aus meinen gesammelten
Hinfälligkeiten. Ich tat alles,
um nichts zu erreichen,
ging nur herum in den Dünen

wie eine Made im Fleisch
junger Pflaumen
und zählte die Löcher
im Sparstrumpf. Urlaub

vom Denken
ist gar nicht so leicht,
wie man denkt. Versehentlich
greift man dann doch

nach einem Buch
und liest sich
über den Wechselkurs fest,
oder erlebt eine andere Regung,

peinlich, so außerhalb der Ferienanlage.
Ein Reimwort taucht auf,
das heimlich notiert werden möchte,
die Geburtstagsgrüße vom ADAC,

wie jedes Jahr die ersten von allen.
(Danach schreibt der Reifenservice,
dann meine Kasse.) –
Man kommt einfach nicht los

von seiner Anwesenheit
in den Computern der anderen.
Auch nicht als Leittier
einer Armee schwarzer Schafe.

Und das alles bei Gegenwind.
Aber das versteht sich von selbst.

Inselsommer geiht

Bleek, mööd,
rosa Hortensien
in smalle Vörgaarns.
Hüüs, in de Avendsünn
oplüchtend in en Witt,
dat wehmödig maakt.

Schüllt wi
den Orgelton nakamen,
den de Nordseewind röversmitt?
Lever de Möwentappens
mang swatt-gröön glimmern Tang
nagahn?

Dat Best hebbt wi hatt.
Wullt noch wat mitnehmen
för de Gedanken to Wintertiet,
leev gau.

Düster Tiet duert lang.*

* bleek: bleich. – schüllt: sollen. – gau: schnell, bald.

Landschaften grün in der Geduld

Marschen

Einladung in die Marsch

Kommt, Freunde! flieht der Stadt Gewühl
Kommt in mein stilles Marschenland,
Hier weht die Luft so frisch und kühl
An meines Stromes grünem Strand;
Zwar schaut ihr nicht Gebirg und Wald,
Nicht Felsgetürm und Wasserfall,
Doch freundlich ist der Aufenthalt
An unsres alten Deiches Wall.
Von oben schaut ihr dort die Flut
Und dort ins weite Land hinein,
Und schön ist's, wenn die Ebne ruht
Im goldnen Sommersonnenschein,
Und sich das üpp'ge Weideland
Voll bunter Rinderherden dehnt,
Mit seines Moores dunklem Rand
An heidebraune Höh' gelehnt;
Wenn feierlich vom Kirchlein her
Des Sonntags Glockenläuten klingt
Und hoch aus blauem Äthermeer
Des Frühlings Lerchenjubel dringt;
Wenn ruhig breit und glanzerhellt
Der Strom die Ufer stolz durchzieht,
Wo rechts und links ein üppig Feld
Von Rohr bedeckt sein Strandgebiet;

Wenn segelvolle Schiffe ziehn
Helleuchtend fern im Sonnenschein,
Wenn munter jagend der Delphin
Dort auf und nieder taucht in Reih'n,
Wenn's wonnig flüstert leis im Rohr,

Das seine hohen Halme neigt,
Wenn silberglänzend draus hervor
Die weiche, graue Weide steigt. –
Ja, ihr vergeßt Gebirg und Wald
Und Felsgetürm und Wasserfall,
So freundlich ist der Aufenthalt
Auf unsres alten Deiches Wall.

KLAUS RAINER GOLL

Seebüll

ich möchte es wagen
eine handvoll noldischen himmel
zu greifen :
immer würde ich
ihn bei mir tragen
wie das rot der mohn
und das gelb der sonnenblumen
wie das weiß der wolken
und das blau des meeres
wie der glanz
im auge des malers
und das dunkel
der bäume und hütten
in der weiten landschaft
in der die seevögel

den wind entlassen
in die grauen netze
des mondes
hinterm deich

Kumm mit rut

Laat uns tosamen
de Lammer bekieken,
buten, an'n Diek,
in de Vörjahrssünn,
– de Wind fichelt hüüt so sacht.

Huflattichköpp,
so geel as't man geiht,
warrt ok di vermünnern na
Düsternis, Unroh, Verrat un Pien.

Kumm, kumm mit rut,
un laat uns tosamen …
Dat gifft veel, gifft so veel
to bewunnern buten.*

* Diek: Deich. – fichelt: streichelt. – geel: gelb. – warrt: wird. – vermünnern: ermuntern. – buten: draußen.

JOCHEN MISSFELDT

Regen oder Schnee

Die Marsch ist plattfischplatt
die Felder reißverschlossen
mit den Gräben.

Kuck mal die Wolken, Papi
der Nikolaus backt Kuchen.

Iss doch Quatsch, hab ich früher
mal gesagt. Gleich gibt's Schnee!
Jetzt ab ins Auto, Kinder
es regnet schon!

Grünes Land

Die Koppeln die verstreuten zusammen-
Gewürfelten Höfe zusammengezimmerten
Schuppen kunstlos schmucklos nach Jahren
Erkennt man den Stil Anbauten an
Anbauten herzloses nützliches Blech
Vollgestopft derzeit mit mannshohen Rollen
Blendenden Strohs allenthalben geschleppt
Aus der fruchtbaren Marsch noch sind die
Tore geöffnet durchsichtig liegt alles
Vor mir ich werde winterlang wissen
Was die grüngestrichenen Kästen verbergen
Wenn mein Kirchspiel in Regen und Schlamm fällt
Feldgrau die einzige Farbe noch ist.

DORIS RUNGE

hinterm deich

ist die landschaft abgegrast
am horizont
das schimmelreiterreich

im nebeltuch regentrude
sie strickt den tag
auf langen weidenruten

wer weint ihr die fäden
ich hab keine zeit

fürchte das wetter
buchte den wolkenschlepper
für einen südlichen traum

Hof im Koog

Es heißt ein Koog Im Himmelreich,
da liegt ein Marschhof hinterm Deich,
Vieh weidet fett im fetten Gras,
der Knecht ist braun, die Magd ist blaß.

Es murrt der Knecht von ungefähr,
daß er viel lieber Seemann wär.
Barfuß die Magd zum Melken geht,
die Sonne ihr zur Seite steht.

Der große Himmel ist so weit
mit Gräben rings ans Land gereiht,
die Magd scheint fern so mückendünn.
Der Knecht holt Fische aus der Bünn.

Ein Kiwitt klagt am Himmelssaum,
es pflückt ein Wind im Magerbaum,
es ruft ein Dampfer übern Deich,
es welkt ein Rauch im Himmelreich.

Der Knecht schneidt stumm das schwarze Brot,
das Messer loht von Abendrot.
Der Herr blickt stumm, die Frau nickt stumm.
Die Magd rührt stumm die Suppe um.

Der Nebel rollt durchs Weidentor,
er reicht dem Kälbchen bis zum Ohr,
darein der Mondmann Märchen sagt.
Es schläft der Knecht. Es weint die Magd.

Die Sonne übers Kimmfeld schwimmt,
der Knecht sein armes Bündel nimmt,
ein andrer Knecht am Gatter steht,
barfuß die Magd zum Melken geht.

Im Norden

Dir bleiben ja die großen Himmel über Deichen.
Die Wolkenwerke. Weißes Licht. Gekröntes Blau.
Die Sehnsucht, weit hinaufzureichen
zu einem Blick aus jener Vogelschau

aus der die Erde fremd wirkt: Nur ein Hügel
in fahlen Farben und wie unbelebt.
Und du erinnerst dich der eigenen Flügel
in einem Traum, der selber längst verschwebt.

ANONYM

Am Nord-Ostsee-Kanal

Blühende Gräser
auf Ufersaum und Böschung:
Ruch von Waldmeister.
(Hohenhörn)

Lied an der Fähre –
Kecker Sänger im Schilfrohr,
wessen spottest du?
(Anleger Burg)

Über buntem Vieh
schwebt ein Containerriese –
Spökenkiekerei?
*(Niederung Kudensee)**

* *Spökenkiekerei:* wörtl. ›Geisterseherei‹, hier das Sehen einer unwirklichen Erscheinung oder eines ›Geisterschiffes‹.

Friesische Landschaft

Gelbe Massen der Eschen
Am ganz leichten Himmel.
Alter Mann sieht Häuser…
Ruhig, ruhig, Schimmel!

Der Weg dreht zum Sumpfe,
Schwarzes Schilf im Graben.
Barfüßiger an der Pumpe
Führt den blinden Knaben.

Über entfernter Straße
Der leichten Luft Schweben.
Ein Schleier, der verbindet,
Reiher, die sich erheben.

Fährmannssand/Elbe

Fährmannssand, eine Inselwelt.
Silberpappeln, Alleen klein,
über den Deichen Fäuste voll Wind.

Der Strom mahlt sich ins Flußbett ein,
das Wasser streicht die Ufer ab,
im Vorland dröseln Ried und Mudd.

Landschaften grün in der Geduld,
Schiffe schwebend in der Luft,
Himmel weiter als die Erde.

Am Fährmannssand setzt keiner mehr über.
Sprühender Draht, das Hafenfeuer,
die roten Türme glühn im Grau.

Ein Schwanenpaar, ein Geisterstrich,
Möwenschwärme, Wellenbruch,
der Fährmann holt das Vieh herein.

Zeit, einzukehren in ein Haus.
Er schaut uns nach, er winkt uns nicht,
wir fahren, wir fahren vorüber.

Im Alten Land

Lange bin ich nicht mehr
wie früher im Dezember
im Alten Land
die Feldwege entlanggekommen an Backsteingehöften
hinter braunen Kanälen hinter niedrigen
splitternden Zäunen und runden Rhododendronbüschen

Die ziehende Wärme aus den Fenstern
nach außen geöffnete Flügel verhakt
im Wind die milchigen Gardinen
weich gerafft über dem Efeu im Topf
den Alpenveilchen und den Begonien

Die gelben Äpfel an unbelaubten Bäumen
die Wäscheleinen in den Gärten
das Brombeergestrüpp und der zertretene Kohl
das graue Gerümpel vor dem Schuppen
und scharrende Tiere am Verschlag

Die nackte Luft zwischen den Deichen
der blanke Ausblick über die Ebenen
scharf wie eine Kaltnadelradierung
weitwinklig bis zum Meer
die flache Sonne klirrend unter den Fußsohlen
und die Hände fühllos fremd wie Prothesen

Und lange bin ich nicht mehr
wie früher im Dezember
nachhaus
zurückgekehrt unter die Lampe

mit sieben Segelschiffen auf dem Schirm
an den gedeckten Tisch mit Rosenporzellan
Silberkannenkaffee und duftenden Putten aus Marzipan
mit aufgeschnittenem Klaben in der Schale
und der Frauenhand
sanft neben der Tasse
und innig auf meinem Arm
wie jung ich war und eng
als ich sie abgewehrt habe
achtlos und verlegen

Die Nachmittage waren voll
selbstverständlicher Versprechen
der Himmel schneehell
wie eine Märzenbecherwiese
und die Zukunft dahinter
ein sicherer Schimmer über dem Tau
so leicht und groß und griffbereit.

Ein heimliches Entzücken über Moränenrücken

Hügel und Seen

Stintenburg

Insel der froheren Einsamkeit,
Geliebte Gespielin des Widerhalls
Und des Sees, welcher itzt breit, dann, versteckt
Wie ein Strom, rauscht an des Walds Hügeln umher,

Selber von steigenden Hügeln voll,
Auf denen im Rohr die Moräne weilt,
Sich des Garns Tücke nicht naht, und den Wurm
An dem Stahl, leidend mit ihm, ferne beklagt.

Flüchtige Stunden verweilt' ich nur
An deinem melodischen Schilfgeräusch;
Doch verläßt nie dein Phantom meinen Geist,
Wie ein Bild, welches mit Lust Geniushand

Bildete, trotzt der Vergessenheit!
Der Garten des Fürsten verdorrt, und wächst
Zu Gesträuch, über des Strauchs Wildnis hebt
Sich der Kunst meisterhaft Werk dauernd hervor.*

* *Stintenburg:* kleine Insel im östlichen Schaalsee in Mecklenburg-Vorpommern.

Der Eutinersee

An Voß

Herrlich, o See, sind deine Silberfluten,
Sanft vom Scheine des Frührots übergossen,
Oder mild, in Nächten des Mais, vom stillen
Monde beleuchtet!

Lüfte des Lenzes bebten durch die Wipfel!
Vögel sangen im Grünen! Wolkenbilder
Schwebten, hell vom westlichen Strahl, in deiner
Wallenden Klarheit!

Strömen, o Voß, dem Gotte der Gewährung
Soll die opfernde Schale! Heil den Freuden,
Die durch dich im Tale des Sees, in diesem
Irdischen Himmel,

Unter den Linden, die den grünumschilften
Agneswerder beschatten, in der Laube
Heimlichtrautem Dunkel und in des Gartens
Kühle mich kränzten!

Der Ugley

Von Hügeln dicht umschlossen, geheimnisvoll
Verhüllt in Waldnacht dämmert der Ugleysee,
Ein dunkles Auge, das zur Sonne
Nur um die Stunde des Mittags aufblickt.

Weltfremdes Schweigen waltet umher, es regt
Kein Hauch des Abgrunds lauteren Spiegel auf;
Nur in des Forsthangs Wipfeln droben
Wandelt wie ferner Gesang ein Brausen.

Wie oft im Zwielicht dieses Gestads befiel
Versunk'ner Vorzeit Schauer die Seele mir!
Denn wenn des Volks uralte Sage
Echtes verkündet, so war es hier einst,

Wo in den Vollmondnächten der Blumenzeit,
Von Priesterjungfraun unter Gebet enthüllt,
Der Göttin Bild vom erz'nen Wagen
In die verschwiegene Flut hinabstieg.*

* *Ugley:* Ukleisee: kleiner Waldsee nordöstlich von Malente.

Holsteensche Schweiz

Dat Land hett en ganz eegen Reiz
hier, wo dat heet Holsteensche Schweiz.
Denn See an See liggt dor so schön
un all so leevli antoseen.
In 'n Boot kannst du dör söben fohrn,
denn warrst de Schönheit du gewohrn.
Inrahmt is all de Waterglanz
vun eenen Bökenhölterkranz.
Märken un Sagen stiegt to Höh
ut düster Wold an 'n Ugleisee.
In stillen Buchten wiest verlaten
ehr Fackwerk ole Strohdackkaten.
Dor kannst du liggen ünner Bömen,
kannst swemmen, fischen oder drömen.
Mal stiggt dat stolte Plöner Slot
hoch övern See denn vör di op.
Mal is dat Slot dat vun Eutin
mit Stolberg, Voß un Webers Melodien.
Kunst un Musik slingt sik as Band
üm schönst' Natur in't Holstenland.*

* *Bökenhölterkranz:* Kranz von Buchenwäldern.

CHARLOTTE UECKERT

Land Angeln

Dies Land ist wirklich nur
Vogelperspektive

Immer den Raps entlang
Wie er hochblüht gen Norden

Angezündet Kastanien
Kühe gestanzt aus Holz

Gezirkelt Felder
Alle Knicks behaun

Kirchtürme in jedem Dorf
Unzugänglich das Nest der Mauersegler

Griechischer Hauch

Ein heimliches Entzücken
Über Moränenrücken.
Die heißen Windeshände
Baun südliches Gelände.

Aus frühem Morgengrau
Tritt junge Bauersfrau,
Die ihre Beete jätet.

Die Luft hat sie geknetet.
Die Luft, die sie umspielt,
Hat sie herangefühlt.

Die Förde wurde
Ägäische See,
Die Jätende Magd
Der Antigone.

THEODOR FONTANE

Die Ruppiner Schweiz

Und fragst du doch: den vollsten Reiz
Wo birgt ihn die Ruppiner Schweiz?
Ist's norderwärts in Rheinsbergs Näh'?
Ist's süderwärts am Molchowsee?
Ist's Rottstiel tief im Grunde kühl?
Ist's Kunsterspring, ist's Boltenmühl?
Ist's Boltenmühl, ist's Kunsterspring?
Birgt Pfefferteich den Zauberring?
Ist's »Binenwalde?« – nein, o nein,
Wohin du kommst, da wird es sein,
An jeder Stelle gleichen Reiz
Erschließt dir die Ruppiner Schweiz.

Am Tegelsee

Es glänzt ein stilles weißes Haus
Aus stillen grünen Kronen;
Auf seinen Warten ruhen aus
Die Winde aller Zonen.

Auf ihrem Hauch ein edler Klang
Hat sich hinausgeschwungen;
Von Meer zu Meer grüßt ihn Gesang,
Gesang in allen Zungen.

Im Hause sind Gemach und Saal
Gefüllt von Glanzgestalten,
Die in vergangner Tage Strahl
Die stumme Wache halten.

Die Marmorlippen scheinen sich
Just aufzutun wie Blüten,
Erhobne Hände feierlich
Ein heilig Gut zu hüten.

Laß hinter dir, was trüb und wild,
Der du dies Haus betreten;
Denn zu der Hoffnung reinem Bild
Darfst du gefaßt hier beten!

Trittst du hinaus, den Föhrensaum
Sieh ernst den See umgeben,
In seinen Wipfeln rauscht der Traum
Vom ferneblauen Leben.

Und auf dem Walde wandeln sacht
Die weißen Wolkenfrauen,
Die in der Flut kristallner Nacht
Ihr klares Bild beschauen.

In leisrem Blau die Sonne schweift,
Ihr eigner Schein ist blasser,
Von feuchter Reiherschwinge träuft
Er perlengleich ins Wasser.

Fühlst nach der Heimat du das Weh,
O Fremdling, dich durchschauern,
Fahr auf dem nord'schen Geistersee,
Hier ist es schön zu trauern!*

* *Tegelsee:* Tegeler See in Berlin.

ROLF HAUFS

Havelsee

Weiße Froststunde zwischen starren Schilfstöcken.
Bald sind die Hände wie Glas. Keins
gibt dem anderen Wärme mehr.
Die Krähen pappen
wie Wanzen auf einem Laken.
Das Boot schwappt. Der Frost reißt das Holz.
Wir sind allein hier mit dem See.
Dem Diamantenen. Dem Spiegelsee.

Neige dich her zu mir, gläserner Atem.
Sieh, wie die Dämmerung herabfällt
und das graue Ufer verhängt.

LUDWIG STRAUSS

Märkische Strophen

I

Keinem Gaue neide bewegtere Berge und schäumendes
Grün!
Keinem atmet der Winter so spröde und stählerne Luft,
Zieht herbstlicher Abend die Blütenstaubfarben so tönend
kühn
An so hohen Himmels ruhenden Feuerduft.

II

In deiner Forsten Kahlheit ist Raum zu schweifen
Für langsame Geister der Stille und graue, innige Feen
Und für Himmelshand, in die dunklen Harfen zu greifen
Der Kiefernreihen über den ahnenden Seen.

III

Ärmlich scheint ihr, karg bekrönte Kiefern,
Vor der edeln Tanne, reisigen Fichte.
Aber welcher Baum geht auf in tiefern,
Reinern, rötern Feuern vor dem Lichte?

Zittow

Aus dem Schilfwerder drang
Das Keckern der Enten
Und der nächtliche Ruf
Nie sichtbarer Eulen.

Mittags
Waren die Hügel konturlos,
Ein überbelichteter Film.

Die Vor-Schrift der Landschaft
Lasen wir in den Äckern,
Zeile für Zeile.

Um uns stand
Wie ein Wald von Lanzen
Das Schilf, grünseidne Standarten
Hißte der Wind.

Ja, sagte der Pastor,
Im Holzschuppen kramend,
Die Schweden zogen hier durch,
1675,
Nach der Schlacht
Bei Fehrbellin.

Verbrannten
Den hölzernen Kirchturm,
Plünderten
Die Särge der Plessens und Uelzens.

Das Dorf, leider, stirbt,
Belagert von Bungalows
In Normbauweise, versehn
Mit der beliebtesten
Losung der Deutschen:
Betreten verboten!
Eltern haften für ihre Kinder.

Auf den Wiesen zum See
Graste abends im Nebel
Ein abgehalfterter Traum.

Hier ist in ihrer Klause die Einsamkeit
zu Hause

Heiden und Moore

Die Steppe

Standest du je am Strande,
Wenn Tag und Nacht sich gleichen,
Und sahst aus Lehm und Sande
Die Regenrinnen schleichen –
Zahllose Schmugglerquellen,
Und dann, so weit das Auge
Nur reicht, des Meeres Wellen
Gefärbt mit gelber Lauge? –

Hier ist die Dün' und drunten
Das Meer; Kanonen gleichend
Stehn Schäferkarrn, die Lunten
Verlöscht am Boden streichend.
Gilt's etwa dem Korsaren
Im flatternden Kaftane,
Den dort ich kann gewahren
Im gelben Ozeane?

Er scheint das Tau zu schlagen,
Sein Schiff verdeckt die Düne,
Doch sieht den Mast man ragen, –
Ein dürrer Fichtenhühne;

Von seines Toppes Kunkel
Die Seile stramm wie Äste,
Der Mastkorb, rau und dunkel,
Gleicht einem Weihenneste! – *

* Das Gedicht *Die Steppe* aus dem Zyklus *Heidebilder* bezieht sich auf die westfälische Heimat der Dichterin. – Toppes Kunkel: Hier wird die Mastspitze eines Schiffes mit dem Spinnrocken (Kunkel) verglichen, dessen Wollfäden wie die Seile einer Takelage herabhängen.

Abseits

Es ist so still; die Heide liegt
Im warmen Mittagssonnenstrahle,
Ein rosenroter Schimmer fliegt
Um ihre alten Gräbermale;
Die Kräuter blühn; der Heideduft
Steigt in die blaue Sommerluft.

Laufkäfer hasten durchs Gesträuch
In ihren goldnen Panzerröckchen,
Die Bienen hängen Zweig um Zweig
Sich an der Edelheide Glöckchen,
Die Vögel schwirren aus dem Kraut –
Die Luft ist voller Lerchenlaut.

Ein halbverfallen niedrig Haus
Steht einsam hier und sonnbeschienen;
Der Kätner lehnt zur Tür hinaus,
Behaglich blinzelnd nach den Bienen;

Sein Junge auf dem Stein davor
Schnitzt Pfeifen sich aus Kälberrohr.

Kaum zittert durch die Mittagsruh
Ein Schlag der Dorfuhr, der entfernten;
Dem Alten fällt die Wimper zu,
Er träumt von seinen Honigernten.
– Kein Klang der aufgeregten Zeit
Drang noch in diese Einsamkeit.

JOHANN HINRICH FEHRS
De Heiloh

Bi't Hünengraff dar is dat schön!
Dar wokert de Kratt so düstergrön,
Dar schient de Bram so gęl as Gold,
Dar lacht de Königsblom so stolt
In Moß un Heid,
Wenn de Sommerdag œwer de Heiloh geit.

Denn brust de Bęk un ruscht dat Reet,
Gęlgöschen singt dat ole Leed,
De Heidlerch trällert, de Kuckuck röppt,
Eerdlöper liggt an de Sünn un slöppt
In Moß un Heid,
Wenn de Sommerdag œwer de Heiloh geit.

Un blömt sik de Hęben mit Maan un Steern,
Denn schriggt de Uhl ut wide Feern,
Un nerrn in'n Dümpel geit wat um,
Dat stœhnt un süfzt un biestert rum

In Moor un Heid,
Wenn de Sommernacht œwer de Heiloh geit.

Un baben op't Graff dar wiest mit'e Hand
En olen König in't wide Land,
Sin Haar is so witt as Blöt op'n Doorn,
He draut na't Süden, he winkt na't Noorn,
Œwer Moor un Heid,
Wenn de Sommernacht œwer de Heiloh geit.

He söcht sin Stadt, sin Borg un Palast –
Dat 's all tobraken as Schörren un Glas,
Verstaben sin Volk, begraben sin Kind,
Sin Lustgaarn liggt wöst – nu klagt de Wind
Dör Moor un Heid,
Wenn de Sommernacht œwer de Heiloh geit.

Un dochen: stiggt de Sünn œwer't Holt,
Denn glinstert dat Feld in Parlen un Gold,
Denn blinkert un blöht dat wid un sid,
Un de Vageln singt von de ole Tid –
O schön is de Heid,
Wenn de Sommerdag œwer de Heiloh geit!*

* *Heiloh:* weite Heidefläche. – *wokern:* wuchern. – *Kratt:* Eichengestrüpp. – *Bram:* Besenginster. – *gęl:* gelb. – *Reet:* Schilf. – *Gęlgöschen:* Goldammer. – *Eerdlöper:* Eidechse. – *Hęben:* Himmel. – *Maan:* Mond. – *nerrn:* unten. – *biestern:* irren. – *Schörren:* Scherben. – *œ* ist ein offenes ö wie im französischen heure; ę entspricht dem hochdeutschen langen ä.

Das Birkenwäldchen

Inmitten öder Heide träumt
Ein Birkenwäldchen, sumpfumsäumt.
Die stillen Wasser blinken,
Daraus die Wurzeln trinken.

Hier geht sobald kein Menschenfuß
Und klingt kein Sommervogelgruß,
Hier ist in ihrer Klause
Die Einsamkeit zu Hause.

Und nächtens stellt bei Mondenschein
Ein Wispern sich und Flüstern ein,
Und weiße Schatten heben
Gespenstisch sich ins Leben.

Und mittags, wenn die Sonne glüht,
Dass fast die Heide Funken sprüht,
Scheint dort in kühlen Schauern
Ein Seltsames zu lauern.

Ein Jäger, den die Heideglut
Hintrieb, war einst dort eingeruht,
Ihm träumt' – er konnt's nicht sagen,
Er starb in wenig Tagen.

Der Bohrturm

Es steht ein schwarzes Gespenst im Moor;
Das ragt über Büsche und Bäume empor.
Es steht da groß und steif und stumm;
Sieht lauernd sich im Kreise um.

—

In Rosenrot prangt das Heideland;
»Ich ziehe dir an ein schwarzes Gewand.«
Es liegt das Dorf so still und klein;
»Dich mache ich groß und laut und gemein.«
Es blitzt der Bach im Sonnenschein;
»Bald wirst du schwarz und schmutzig sein.«
Es braust der Wald so stark und stolz;
»Dich fälle ich zu Grubenholz.«

—

Die Flamme loht, die Kette klirrt,
Es zischt der Dampf, der Ruß, der schwirrt,
Der Meißel frißt sich in den Sand;
Der schwarze Tod geht durch das Land.

ERNST WILHELM LOTZ

Die Heide-Touristen

Sie liegen wie gemäht im Heidekraut.
In ihren Köpfen stecken kurze Pfeifen.
Rauch quillt. Verweht. – Ein harter Mittag blaut.
Licht glüht herab in breiten Strahlenstreifen.

Einer sitzt wach mit vorgestrecktem Haupt.
In seinem Schoß blinkt eine Mandoline.
Sein Blick stößt vor, daß er der Landschaft raubt
Ein braunes Lied, das seiner Sehnsucht diene.

Um ihn die Schläfer träumen von der Stadt.
Der Traum warf sie zurück in ihre Zinnen,
Ins Trübe, das sie sonst umdüstert hat.
Die helle Heide sank von ihren Sinnen.

Doch jeder hat sein Mädchen dort. Das brennt
Jetzt rötlich auf in ihren müden Hirnen.
Und der, der einsam wacht und sieht, erkennt
Das kleine Licht auf ihren braunen Stirnen.

Und stark in gelbe Ferne späht er wieder.
Schwül wogt sein Blut und trübt ihm sein Gesicht.
Hell auf den Höhen stehen viele Lieder.
Doch er ist sehnsuchtsblind und sieht sie nicht.

Die Mandoline blinkt auf seinen Knien.
Noch stumm und wartend, da die andern wachen.
Und langsam folgt er, als sie weiterziehn.
Und sonderbar tönt ihm ihr gutes Lachen.

Wendische Heide

Wendische Heide, weißes Feuer,
du Bütte Gold und Mittagsspuk,
die Grille huschte, schrillte scheuer
am Stein, der keinen Schatten trug.

Uralter Hirt, dein Volk zu hüten,
gingst du im Staub der Herde nach,
die lautlos zog, wo Wacken glühten
im öden Halmfeld heiß und brach.

Moosgrünes Fenn und Erlenruten,
der Bach, die letzte Tränke kam,
und weithin gelbe Ginstergluten,
wo stachlig hing der schwarze Bram.

Umkreist vom Hund, beschirmt von Widdern
sah ich die Herde weidend ziehn,
krummhörnig und in Feuern zittern
und Lämmer müd am Wege knien.

Verstreutes Volk in großer Helle,
erscholl nicht geisterhaft Gesang?
Umklirrt von leiser Widderschelle
stand einsam dort der Hirt am Hang.

Dat Moor

De Borrn bewegt sik op un dal,
As gungst du langs en böken Bahl,
Dat Water schülpert in'e Graff,
De Grasnarv bẹwert op un af;
Dat geit hendal, dat geit tohöch
So lisen as en Kinnerweeg.

Dat Moor is brun, de Heid is brun,
Dat Wullgras schint so witt as Dun,
So week as Sid, so rein as Snee:
Den Hadbar reckt dat bet ant Knee.

Hier hüppt de Pock int Reet hentlank,
Un singt uns abends sin Gesank;
De Voß, de bru't, de Wachtel röppt,
De ganze Welt is still un slöppt.

Du hörst din Schritt ni, wenn du geist,
Du hörst de Rüschen, wenn du steist,
Dat lẹvt un wẹvt int ganze Feld,
As weer't bi Nacht en anner Welt.

Denn ward dat Moor so wit un grot,
Denn ward de Minsch so lütt to Mot:
Wull weet, wa lang he dær de Heid
Noch frisch un kräfti geit!*

* *Borrn:* Boden, Grund. – *böken Bahl:* buchene Bohle. – *Hadbar:* Storch. – *Pock:* Frosch. – *de Voß bru't:* der Fuchs braut (sprichwörtlich, wenn der Nebel aus den Wiesen steigt). – *Rüschen:* Binsen.

Gang im Moor

Schatten überlaufen handbreit
Die Finger des roten Lichts.
Die Schwärze bäumt sich
Im fliehenden Scharlach auf.

In bildloser Dämmerung
Verlor ich den Weg.
Den Gefährten des Weges
Verlor ich im Dunkel.

Sein Gesicht welkte beim Hinsehn
Und wurde dürftig.
Gleich dem Löffel von Blei
Schmolz die Stirn dahin.

Nebel ziehen jetzt
An des Flusses Krümmungen.
Im Laub der Esche
Hebt die weiße Schlange ihr Haupt.

Die Schattenbläser läuft
Über das herbstliche Moor.
Der Mondlichtpfeiler seufzt
Auf der Freistatt der Winde.

Die Gräser nesteln an mir,
Schwarzes Kraut hält mich auf,
Und die Rute des Strauchs
Schlägt ins Gesicht mir.

Vor dem Spähenden
Vergeht das Licht,
Vor dem Suchenden
Schwindet der Ausblick.

Mich beschlägt kalter Wind.
Klagen hör ich
Mein waidwundes Reh
Im Nebel des Buschwalds.

Allreihen

Der Traum ist schwer:
Ferne die grauen Himmel verbleichen.
Über das rauchende Moor
Schatten schleichen.

Auf feuchtem Sumpf
Tanzen grüne Flammen.
Auf dem Hünengrab
Schlagen sie lodernd zusammen.

Um das Grab
Schlingen den Reihn
Wissende Geister,
Den Toten zu weihn.

Moorgraben

Birken flackern. Heide dunstet braun.
Wenn der Wind anhebt, hörst du das leise Fallen
gelben Laubs, Geklirr des Kiefernwalds
und gelöste Last der Vogelbeerkorallen.

Aber unbeweglich starrt die Grabengruft,
offen für das Gestern wie das Heute.
Und ein Nachen harrt. Im letzten warmen Licht
tröstet Vogelruf und Erikageläute.

Im Moor

Die Pappeln großer Wiesen
Der Wind umstellt sie hier.
Was raspeln diese Riesen?
Sie sprechen wie zu mir.

Ich kann sie doch nicht kennen!
Nur Blendwerk wäre das.
Doch ferne seh ich rennen
Den Schnellzug übers Gras.

Signale sind gezogen,
Rauchwolken sind entblößt.
Mein Weg hat sich im Bogen
Vorm Schilfsee aufgelöst.

Zahllose blaue Glocken
Die rascheln noch am Ort.
Wie helle Wollgrasflocken
Ziehn dort die Wolken fort.

Die wehn in hohen Räumen
Bis in die dunkle Stadt.
Hier aber an den Bäumen
Schwirrt noch so manches Blatt.

Und Kühe grasen näher,
Schrittweis', und fressen zart.
Der Wind fährt wie ein Mäher
Ins Schilf, das glasig scharrt.

Die Kühe weiden weiter
Durchs Gras der Abendruh.
Der Wind saust wie ein Reiter
Den Glockenblumen zu.

moorochsen

die dommel sah ich nie, versteckt
im schilf, wie sich das schilf in ihr versteckte,
nie eines ihrer kunstsinnigen nester,
genäht aus licht und schatten, dachte statt dessen

erneut an wriggers' herde,
die eines abends durch ihr gatter
gebrochen war und sich im moor verirrte,
das brüllen, das erst stunden später matter

und mutlos wurde, sich am ende legte,
dachte an all die körper, die versunken
unter dem trügerischen boden schwebten
wie zeppeline, groß und stumm, noch als die jungen

die nester längst verlassen haben mußten,
so daß ich, wenn wir uns am tor versammel-
ten, fröstelnd in das dunkel lauschten, wußte
oder nicht wußte: da, das war sie, die dommel.*

* *Moorochse:* im Volksmund gebräuchlicher Name für die Rohrdommel.

Im Rücken die Wand vor Augen Wind

Ostseeküsten

REINER KUNZE

Die Silhouette von Lübeck

Damit die erde hafte am himmel, schlugen die menschen
kirchtürme in ihn

Sieben kupferne nägel, nicht aufzuwiegen
mit gold

Holtenau

Ein Himmel so fleckenlos
wie eine Hobbygärtnerschürze
über einem von Kürbissen
schwangeren Mistbeet

Holtenau: liebenswürdige
Spielzeugwelt
aus Lotsen- und
Kapitänswitwenhäusern

In der Schleusenkammer
die Herbstsonne
ist eine dümpelnde
Feuerqualle

Und am Heck
eines Containerschiffs
übt
ein zum Trocknen

aufgehängtes Hemd
mit herumfuchtelnden
Ärmeln
das Flaggenalphabet

Lenz an der Lübecker Bucht

Die See liegt leuchtend grün mit dünnen lila Strähnen.
Wind spült ihr Silber schäumend auf den Sand.
Die Frühlingssonne klappert grinsend mit den Zähnen.
Es hagelt. Lieblich ist das Hinterland.

Die schönsten Täler sind verboten zu betreten.
Der Fuchs gräbt große Löcher in den Wald.
Im Dickicht kann man Maikraut für die Bowle jäten.
Die Hügel sind am obern Ende kalt.

Sumpfdotterblumen braucht kein Gärtner zu begießen.
Im Schatten werden Primeln erst recht fett.
Millionen, Bill-, Trill- Anemonen blühn und sprießen.
Du läufst dich tot und fällst um neun ins Bett.

Rügen

Tief und still
in grauem Regen
liegen Wald und
liegen Wiesen …
tief und still
mit müden, schweren
Wellen
schleppt das Meer zum Strand …
graue Möwen
flügelschlagend
schreien um die Kreidefelsen
und im weißen
Dunst der Ferne
zieht in breitgeballter Wolke
dicken Qualmes,
wie der schwarze
Schwan des Todes,
horizontentlang ein Dampfer,
tief und still
in grauem Regen.

Der Gang von Wittow nach Jasmund

Verdammte lange schmale Heide!
Zu beiden Seiten brummt das Meer,
Versteckt in einem Aschenkleide,
Senkt sich der Himmel tief und schwer.

Im Wege liegen scharfe Steine
Und schneiden in die Sohlen mir –
Was Wunder, wenn ich seufz' und weine,
Sooft ich scheiden muß von hier?

In Wittows weizengrünen Auen
Wohnt meine liebe Mähderin:
Ich muß auf Jasmund Kreide hauen,
Dieweil ein Taugenichts ich bin.

Die Insel der tausendjährigen Bäume

1 Müde Hände

Nach vielen hundert Jahren
Ist in ihren weitgetreckten Armen
Die Buche müde, ihre Last zu tragen.
Es fröstelt durch sie erdhinab ein Fragen:
Darf ich die Ellenbogen auf dich stützen?
Sie wollen noch taugen und wollen noch nützen?
Willst du dich meiner Schlafbegier erbarmen?

Und sie gedenkt der tausend Vogelscharen,
Die sie auf ihren Händen in das Weltlicht gehalten,
Daß es sie segne und ihren Gesang am Abend und Morgen,
Und wie sie der Menschen manche, auch Menschen mit
Kummerfalten,
Unter ihrem eigenen Segen geborgen.
Währenddessen stützen sich schon die lastwunden
Knorren.
– Aber die Erde läßt Luftgebornes, Gewiegtes im
himmlischen Schimmer,
An ihrer Stärke nicht ruhn, es sei denn für immer.
Sie gebietet: Da ihr Äste nun zu mir kommt, so müßt
ihr verdorren.

Darüber braust das Riesenhaupt und denkt keinmal
Fortan in seiner stolzen grünen Helle
Der dürren Glieder: gespreizt und kahl
Verwesen sie vom Finger bis zur Elle.

Buchen: Graue Säulen, zu denen die Zeit gerann.
War sie früher? Wann waren die Kriege der Dänen,
der Wenden?
Männergedanken wollen enden
Hinter Farnen, höher als ein Mann.

Ihrer Stürme vergißt selbst die Eiche,
Wie sie die Wurzeln im Meer bespült,
Mit Weinrosenduft die Astbruchstelle, die bleiche,
Und mit eignen Schatten die Füße, die tausend Jahre nicht
wanderten, kühlt.*

* *Die Insel der tausendjährigen Bäume:* Gemeint ist die Insel Rügen.

Schwarze Segel im Bodden

Manchmal gehen Segel übers Land.
Manchmal ziehen Boote über Wiesen.
Schwarze Segel überm Hügelrand,
Und die Wiesen sind ein grünes Fließen.

Durch das Schilf, das leis im Wind sich wiegt,
Sind sie heimlich unserm Blick entglitten,
Und dann stehn die Segel wieder mitten
Auf dem Meer, schräg an den Wind geschmiegt.

Eine Mühle steht dort auf dem Hügel,
Und ein schwarzes Segel steigt empor,
Und schon überschattet es die Flügel
Und zieht traumhaft hinter ihnen vor.

Wie verweht schiebt sich das Land zur Seite,
Und versonnen, abendlich besonnt,
Öffnet sich das Meer in seiner Weite …
Schwarze Segel stehn am Horizont.

Prora, 30.11.87

Gezeitenschaum, wo Erinnerungen versickerten im Tang,
tote Sprache, die ich hörte im Wellengang:
Vereinfache dein Leben zu einem Symbol … Der Spaten.

Ich schürfte Gräben für ein Kabelnetz,
das aus dem Meer kroch, Stimmen heranholte,
auslöschte unter Kontrollsignalen, andere heranholte,

bis Gesichter fehlten und der Weg vor der Kaserne
lange Lücken hatte. Am Abend füllte
der Gleichschritt sie auf mit seinem hämmernden Futur:

hier werde ich gegangen sein,
werde ich gegangen sein,
werde ich gegangen sein …

hiddensee im dezember

alles hat zu tun mit dem wind: die schiefen
gräser an den dünen, die reetgedeckten
häuser, an den westen gelehnt, und diese
wolkenstampede

flach über den wiesen. der leuchtturm, wo das
land im meer verschwindet: am abend streicht sein
weißer pinsel über die wände, malt das
dunkel noch dunkler.

winter, der den bodden mit eis versiegelt.
nebel, seine flotte – verfolgt von möwen.
hinterm deich nur schwenkt noch der sanddorn seine
schmugglerlaterne.*

* *Wolkenstampede:* Stampede: panische, unkontrollierbare Flucht einer Herde.

JÜRGEN BECKER

Hohes Ufer

Hinter den Bäumen beginnt das Meer.
Man kann es nicht sehen, aber so ist es,
seit sich das Meer zurückgezogen hat.

Man weiß auch, daß seine Wiederkehr nur
eine Frage der Zeit ist, das verlorene Land
gibt es nicht preis für allezeit. Im Jahr
vielleicht ein paar Millimeter, nagt es sich
in die Landschaft hinein, frißt einen Schluck
Sand oder Erde. Man kann es nicht sehen,
vorläufig nicht; nur manchmal fehlt ein Stück
Düne, liegt plötzlich eine Wurzel bloß.

Kann sein, daß der Wind zuvorkommt, ein Sturm,
und das Verschwinden der Bäume besorgt;
Wiesen und Felder übernimmt das Meer.

ULRICH SCHACHT

Timmendorf

Bild
Unvergilbt
Am Eingang der Bucht die
Küste: Sturzwand Mohn
Feuer zwischen den Zinnen
Die Schwalbe

überlebt
täglich: Schwarzer
Blitz der das Stein
Netz knüpft mit
blutigem Schnabel

Nichts
als Schaum fing
ich hier. Im Rücken
die Wand vor Augen
Wind: Zeichen

zum Horizont
Zwischen Himmel und Grund
eine Vermutung
Zwischen Grund und Himmel
– Gewißheit.*

* Gemeint ist Timmendorf an der Westküste der Insel Poel.

GÜNTER EICH

Herbstliches Meer

Die Adern von Gischt
auf der marmornen Brandung,
wenn das Braune sich mischt
in den Fluß der Verwandlung.
Die See zeigt den Schliff
von Kristall und von Band,
und ein segelndes Schiff
ist auf Flügeln gesandt.

Spät noch im Jahr
prangt neben dem Meere
die Sanddornbeere
im Weidenhaar.

In Flugsand und Schaum
geschöpft und geendet,
zurück in den Raum
der Vergängnis gewendet,
zerstäubt in den Winden
Devon und Silur,
im Salzhauch zu finden
Planetenspur.
Oktoberklar
hängt ins Leere
die Sanddornbeere
ihr Weidenhaar.*

* Zu dem Gedicht *Herbstliches Meer* schrieb Günter Eich am 1. Februar 1946 an den Schriftsteller Hermann Kasack: »Das Meergedicht ist eine Erinnerung an Poberow« (Poberow ist ein Ostseebad in Pommern, heute Polen).

BJÖRN KUHLIGK

Heringsdorf. Ostsee

Die Tage tingelten über die Terrassen
der Strandhotels, und du, du mußtest
diesen schmächtigen Wellen, du standest
im Wasser und winktest zurück
du mußtest ihnen die Kronen zerschlagen

Im Bade

Die Welle bricht sich. Kann mans ihr verdenken?
Es taucht ins Meer ein feister Menschensack:
die Glieder badet dort, die ungelenken,
Frau Zademack.

Im Bademantel tritt mit hastigen, schnellen
Bewegungen Herr Baccer aus der Tür.
Neptun persönlich aus den tiefsten Wellen
sagt: »Ab dafür!«

Es rollt sich an das arme Seegestade
Lu Lora, mit 'nem ganzen kleinen Stich.
Und der Verehrer Chor spricht: »Schade, schade!
Heut filmt se nich!«

Es rudert wie beim Sprechen mit den Händen
Herr Moppelmann am deutschen Ostseekap.
Er denkt beim Wogenspiel an Dividenden:
Mal auf – mal ab!

Und der ist da und die. Von der Regierung
schwimmt dort ein Mann – pomadig, faul und schlapp …
Man bricht sich auch im Bade die Verzierung
nur ungern ab.

Und die ist da und der – in vollen Rudeln – –
O lieber Gott! willst du mal freundlich sein?
Dann laß mich schwimmen in den blauen Strudeln
allein, allein – !

Verzeichnis der Autorinnen und Autoren und Druckvorlagen

HERMANN ALLMERS
(1821 Rechtenfleth b. Bremerhaven – 1902 ebd.)

47 H. A.: Werke. Hrsg. und bearb. im Auftr. der Hermann-Allmers-Gesellschaft von Kurd Schulz. Göttingen: Sachse & Pohl, 1965. S. 339 f.

ANONYM

57 Die drei Haikus stammen von einem Hamburger Autor, der sie dem Herausgeber (mit dem Wunsch, anonym zu bleiben) zur Publikation überlassen hat.

FERDINAND AVENARIUS (1856 Berlin – 1923 Kampen/Sylt)

17 F. A.: Wandern und Werden. Erste Gedichte. 2., neugestaltete Aufl. Florenz/Leipzig: Diederichs, 1898. S. 45.

WOLFGANG BÄCHLER (1925 Augsburg – 2007 München)

23 W. B.: Die Erde bebt noch. Frühe Lyrik. Nachw. von Michael Krüger. Esslingen: Bechtle, 1982. S. 43. – © 1982 Bechtle Verlag, Esslingen.

LUDWIG BÄTE (1892 Osnabrück – 1977 ebd.)

93 L. B.: Worpswede. Gedichte. Warendorf: Schnell, 1934. S. 13.

JOHANNES R. BECHER (1891 München – 1958 Berlin/Ost)

106 J. R. B.: Werke in drei Bänden. Bd. 1: Gedichte. Ausw. der Gedichte und Vorw. von Günther Deicke. Berlin/Weimar: Aufbau-Verlag, 1971. S. 380. – © Aufbau Verlag GmbH & Co. KG, Berlin 1971, 2008.

JÜRGEN BECKER (geb. 1932 Köln)

109 J. B.: Scheunen im Gelände. Gedichte. Mit Collagen von Rango Bohne. Mit einem Nachw. von Michael Krüger. München: Stiftung Lyrik Kabinett, 2012. S. 61. – © 2012 Stiftung Lyrik Kabinett, München 2012.

 WOLFGANG BORCHERT (1921 Hamburg – 1947 Basel)

22 W. B.: Das Gesamtwerk. Mit einem biograph. Nachw. von Bernhard Meyer-Marwitz. Reinbek b. Hamburg: Rowohlt Taschenbuch Verlag, 2001. S. 16.

THERESE CHROMIK
(geb. 1943 Liegnitz, poln. Legnica, als Therese Rieffert)

25 aber das meer. Gedichte und Geschichten. Hrsg. von der GEDOK Schleswig-Holstein. Husum: Husum Druck- und Verlagsgesellschaft, 2005. S. 8. – Mit Genehmigung von Therese Chromik, Husum.

HEINZ CZECHOWSKI (1935 Dresden – 2009 Frankfurt a. M.)

76 H. C.: Gedichte. Schafe und Sterne. Halle (Saale): Mitteldeutscher Verlag, 1974. S. 138 f. – Mit Genehmigung von Bertolt Czechowski, Hamburg.

KURT DRAWERT (geb. 1951 Henningsdorf)

41 K. D.: Idylle, rückwärts. Gedichte aus drei Jahrzehnten. München: C. H. Beck, 2011. S. 238 f. – © Verlag C. H. Beck, München 2011.

ANNETTE VON DROSTE-HÜLSHOFF
(1797 Schloss Hülshoff b. Münster/Westfalen – 1848 Meersburg a. Bodensee)

81 A. v. D.-H.: Gedichte. Hrsg. von Bernd Kortländer. Stuttgart: Reclam, 2003. (Reclams Universal-Bibliothek. 18292.) S. 32 f.

GÜNTER EICH
(1907 Lebus, poln. Lubusz, b. Frankfurt/Oder – 1972 Salzburg)

111 G. E.: Gesammelte Werke in vier Bänden. Revidierte Ausgabe. Bd. 1: Die Gedichte. Die Maulwürfe. Hrsg. von Axel Vieregg. Frankfurt a. M.: Suhrkamp, 1991. S. 68. – © Suhrkamp Verlag Frankfurt am Main 1991. Alle Rechte bei und vorbehalten durch Suhrkamp Verlag Berlin.

REIMER BOY EILERS (geb. 1948 Wedel b. Hamburg)

31 R. E.: Der Tag an dem das Meer gestohlen wurde. Gedichte. München: Stora Verlag, 1995. S. 6. – Mit Genehmigung von Reimer Boy Eilers, Hamburg.

GUSTAV FALKE
(1853 Lübeck – 1916 Groß Borstel, damals ein holst. Dorf, heute Stadtteil Hamburgs)

18 G. F.: Gesammelte Dichtungen. Ausgabe in fünf Bänden. Bd. 4: Der Schnitter. Gedichte. Hamburg/Berlin: Janssen, 1912. S. 83.

85 G. F.: Hohe Sommertage. Neue Gedichte. Hamburg: Janssen, ^{2}1903. S. 90.

JOHANN HINRICH FEHRS
(1838 Mühlenbarbeck b. Kellinghusen/Holstein – 1916 Itzehoe)

83 J. H. F.: Gesammelte Dichtungen in vier Bänden. Bd. 2: Op Holsteneer. Gedichte un Geschichten. Hamburg: Janssen, 1913. S. 11.

CÄSAR FLAISCHLEN
(Pseudonym: Cäsar Stuart; 1864 Stuttgart – 1920 Gundelsheim a. N.)

102 C. F.: Aus den Lehr- und Wanderjahren des Lebens. Gesammelte Gedichte. Brief- und Tagebuchblätter. Aus den Jahren 1884 bis 1899. Berlin: Fleischel & Co., ^{42}1919. S. 89.

THEODOR FONTANE (1819 Neuruppin – 1898 Berlin)

71 Th. F.: Wanderungen durch die Mark Brandenburg. Eine Auswahl. Hrsg. von Christian Grawe. Stuttgart: Reclam, 2001. (Reclams Universal-Bibliothek. 18140.) S. 46.

EMANUEL GEIBEL (1815 Lübeck – 1884 ebd.)

67 E. G.: Gedichte und Gedenkblätter. Stuttgart: Verlag der J. G. Cotta'schen Buchhandlung, 1864. S. 16 (Str. 1–4 von insges. 7 Str.).

 KLAUS RAINER GOLL (geb. 1945 Lübeck)

49 K. R. G.: Sonnenlandschaften. Gedichte. Mit Zeichnungen von Wolfgang Sesterhenn. Berlin: Guhl, 1983. [Unpag.] – Mit Genehmigung von Klaus Rainer Goll, Groß Sarau.

KLAUS GROTH (1819 Heide/Dithmarschen – 1899 Kiel)

89 K. G.: Sämtliche Werke. Mit Einl., Anm. und Glossar hrsg. von Ivo Braak und Richard Mehlem. Bd. 2: Quickborn. Erster Teil. Mit Holzschnitten von Otto Speckter. Heide: Westholsteinische Verlagsanstalt Boyen & Co., 1981. S. 21 f.

ROLF HAUFS (1935 Düsseldorf – 2013 Berlin)

74 R. H.: Größer werdende Entfernung. Gedichte 1962–1979. Reinbek b. Hamburg: Rowohlt Taschenbuch Verlag, 1979. S. 10. – Mit Genehmigung von Kerstin Hensel, Berlin.

FRIEDRICH HEBBEL
(1813 Wesselburen/Dithmarschen – 1863 Wien)

20 F. H.: Werke [in fünf Bänden]. Hrsg. von Gerhard Fricke, Werner Keller und Karl Pörnbacher. Bd. 3. München: Hanser, 1965. S. 83.

HEINRICH HEINE (1797 Düsseldorf – 1856 Paris)

15 H. H.: Sämtliche Gedichte. Kommentierte Ausgabe. Hrsg. von Bernd Kortländer. Stuttgart: Reclam, 2006 [u. ö.]. (Reclams Universal-Bibliothek. 18394.) S. 311.

HANS-JÜRGEN HEISE (1930 Bublitz, poln. Bobolice – 2013 Kiel)

100 H.-J. H.: Die Sprache des Windes. Ein Leben in lyrischen Abläufen. Gesammelte Gedichte in zwei Bänden. Bd. 1: 1948–1977. Weilerswist: Verlag Landpresse, 1998. S. 237. – Mit Genehmigung von Annemarie Zornack-Heise, Kiel.

GEORG HEYM (1887 Hirschberg, poln. Jelenia Góra – 1912 Berlin)

92 G. H.: Dichtungen und Schriften. Gesamtausgabe. Hrsg. von Karl Ludwig Schneider. Bd. 1: Lyrik. Bearb. von Karl Ludwig Schneider und Gunter Martens unter Mithilfe von Klaus Hurlebusch und Dieter Knoth. Hamburg: Ellermann, 1964. S. 533.

PETER HUCHEL (1903 Berlin – 1981 Staufen i. Br.)

88 P. H.: Gesammelte Werke in zwei Bänden. Hrsg. von Axel Vieregg. Bd. 1: Die Gedichte. Frankfurt a. M.: Suhrkamp, 1984. S. 50 f. –

FRIEDRICH GEORG JÜNGER (1898 Hannover – 1977 Überlingen)

90 F. G. J.: Es pocht an der Tür. Gedichte. Frankfurt a. M.: Klostermann, 1968. –

GOTTFRIED KELLER (1819 Zürich – 1890 ebd.)

72 G. K.: Sämtliche Werke in acht Bänden. Bd. 1: Gedichte. Berlin: Aufbau-Verlag, 1958. S. 353 f.

SARAH KIRSCH
(1935 Limlingerode/Harz, als Ingrid Bernstein –
2013 Heide/Holstein)

38, 52 S. K.: Sämtliche Gedichte. München: Deutsche Verlags-Anstalt, 2005. –

KARIN KIWUS (geb. 1942 Berlin)

60 K. K.: Das Gesicht der Welt. Gedichte 1976–2006. Frankfurt a. M.: Schöffling & Co., 2014 S. 72 f. –

 FRIEDRICH GOTTLIEB KLOPSTOCK
(1724 Quedlinburg – 1803 Hamburg)
65 F. G. K.: Oden. Mit Unterstützung des Klopstockvereins zu Quedlinburg hrsg. von Franz Muncker und Jaro Pawel. Bd. 1. Stuttgart: G. J. Göschen'sche Verlagshandlung, 1889. S. 197 (Str. 1–4 von inges. 15 Str.).

BJÖRN KUHLIGK (geb. 1975 Berlin)
112 B. K.: Großes Kino. Gedichte. Berlin: Berlin Verlag, 2005. S. 46. – © 2005 Berlin Verlag in der Piper Verlag GmbH, Berlin.

GÜNTER KUNERT (geb. 1929 Berlin)
56 G. K.: Berlin beizeiten. Gedichte. München: Hanser, 1987. S. 47. – © 1987 Carl Hanser Verlag GmbH & Co. KG, München.

REINER KUNZE (geb. 1933 Oelsnitz)
99 R. K.: auf eigene hoffnung. gedichte. Frankfurt a. M.: Fischer Taschenbuch Verlag, 1987. S. 44. – © S. Fischer Verlag GmbH, Frankfurt am Main 1981.

CARL ALBERT LANGE (1892 Hamburg – 1952 ebd.)
21 C. A. L.: Sylt. Verse um Insel und Meer. Aus dem Nachlaß hrsg. von Frieda Lange-Dudler. Hamburg: Christians, 1981. S. 28. – Mit Genehmigung von Erika Lange, Ahrenviöl.

WILHELM LEHMANN
(1882 Puerto Cabello / Venezuela – 1968 Eckernförde)
24, 37, 70 W. L.: Gesammelte Werke in acht Bänden. Hrsg. […] von Agathe Weigel-Lehmann, Hans Dieter Schäfer und Bernhard Zeller. Bd. 1: Sämtliche Gedichte. Hrsg. von Hans Dieter Schäfer. Stuttgart: Klett-Cotta, 1982. (1) S. 381. (2) S. 286. (3) S. 323. – © 1982 J. G. Cotta'sche Buchhandlung Nachfolger GmbH, Stuttgart.

CHRISTIAN LEHNERT (geb. 1969 Dresden)

107 Ch. L.: Auf Moränen. Gedichte. Frankfurt a. M.: Suhrkamp, 2008. S. 13. –

HANS LEIP (1893 Hamburg – 1983 Fruthwilen/Schweiz)

54 H. L.: Die Hafenorgel. Gedichte. Mit Zeichnungen aus Skizzenbüchern des Autors. Ebenhausen b. München: Langewiesche-Brandt, 1977. S. 97. – Mit Genehmigung von Titus Küper, Luckau.

DETLEV VON LILIENCRON

(1844 Kiel – 1909 Altrahlstedt, heute Stadtteil Hamburgs)

19 D. v. L.: Werke [in zwei Bänden]. hrsg. von Benno von Wiese. Bd. 1: Gedichte. Epos. Frankfurt a. M.: Insel Verlag, 1977. S. 45.

OSKAR LOERKE

(1884 in Jungen b. Schwetz, poln. Świecie a. d. Weichsel – 1941 Berlin)

104 O. L.: Der Wald der Welt. Gedichte. Berlin: S. Fischer, 1936. S. 11–13.

HERMANN LÖNS

(1866 Culm, poln. Chełmno – 1914 gefallen b. Reims)

86 H. L.: Sämtliche Werke in acht Bänden. Hrsg. von Friedrich Castelle. Bd. 1. Leipzig: Hesse & Becker, 1923. S. 211.

ERNST WILHELM LOTZ

(1890 Culm, poln. Chełmno – 1914 gefallen in Frankreich)

87 E. W. L.: Gedichte, Prosa, Briefe. Hrsg. von Jürgen von Esenwein. München: edition text + kritik, 1994. S. 44.

KURT MARTI (1921 Bern – 2017 ebd.)

40 K. M.: Die Liebe geht zu Fuß Ausgewählte Gedichte. Zürich: Nagel & Kimche, 2018. –

 FRIEDRICH VON MATTHISSON
(1761 Hohendodeleben b. Magdeburg – 1831 Wörlitz b. Dessau)
66 F. v. M.: Gedichte. Leipzig: Reclam, [1869]. S. 21 f.

ELISABETH MEYER-RUNGE
(eigtl. Elisabeth von Ulmann; 1929 Kiel, als Elisabeth Erichsen – 2005 ebd.)
43, 50 E. M. -R.: In diesem Land. In't Land Schleswig-Holstein. Hoch- und niederdeutsche Gedichte. Mit Ill. von Luise Wulff und einem Nachw. von Siegfried Sichtermann. Heide: Westholsteinische Verlagsanstalt Boyens & Co., 1980. (1) S. 40. (2) S. 35. – © Boyens Buchverlag GmbH, Heide 1980.

JOCHEN MISSFELDT (geb. 1941 Satrup b. Flensburg)
51 J. M.: Mein Vater war Schneevogt. Gedichte. Ebenhausen b. München: Langewiesche-Brandt, 1979. S. 29. – © Verlag C. H. Beck, München, vormals Verlag Langewiesche-Brandt.

HILDE MÖHRING (1917 Berlin – 2008 in Bad Suderode / Ostharz)
59 H. M.: Standorte. 61 Gedichte. Hamburg: Wayasbah, 1994. S. 24. – © 1994 Wayasbah Verlag, Hamburg.

CHRISTIAN MORGENSTERN (1871 München – 1914 Meran)
39 Ch. M.: Werke und Briefe. (Stuttgarter Ausgabe.) Kommentierte Ausgabe. Bd. 1: Lyrik 1887–1905. Hrsg. von Martin Kießig. Stuttgart: Urachhaus, 1988. S. 302.

WILHELM MÜLLER (1794 Dessau – 1827 ebd.)
103 W. M.: Gedichte. Vollst. krit. Ausg. mit Einl. und Anm. bes. von James Taft Hatfield. Berlin: B. Behr's Verlag, 1906. S. 277.

MEINO NAUMANN (1938 Hannover – 2015 Oldenburg)

35 M. N.: Odysseus landet am friesischen Strand. Siebenundzwanzig Gedichte über Nordseeinseln. Mit Grafiken von Anna-Maria von Engelhardt und Meino Naumann. Oldenburg: Isensee, 1998. S. 39. –

DIRKS PAULUN (1903 Shanghai – 1976 Hamburg)

101 D. P.: Triller und Pfiffe. Satiren und Grotesken. Mit Zeichnungen von Wilhelm M. Busch. Hamburg: Christians, 1973. S. 16.

DIERK PULS (1913 Warder b. Neumünster – 1994 Kiel)

68 D. P.: An Nordseestrand un Ostseekant. Plattdütsche Geschichten un Gedichte. Husum: Husum Druck- und Verlagsgesellschaft, 1979. S. 92.

RAINER MARIA RILKE
(1875 Prag – 1926 Val-Mont, heute Montreux)

29 R. M. R.: Gedichte. Ausw. und Nachw. von Dietrich Bode. Stuttgart: Reclam, 2017 [Nachdr. der erg. und aktual. Ausg. 2012]. (Reclams Universal-Bibliothek. 9623.) S. 122 f.

DORIS RUNGE
(geb. 1943 Carlow/Nordwestmecklenburg, als Doris Beckmann)

53 D. R.: zwischen tür und engel. Gesammelte Gedichte. Ausgew. und mit einem Nachw. von Heinrich Detering. München: Deutsche Verlags-Anstalt, 2013. S. 11. –

ULRICH SCHACHT (geb. 1951 Stollberg)

34, 110 U. Sch.: Scherbenspur. Gedichte. Zürich: Ammann, 1983. (1) S. 40. (2) S. 10. – Mit Genehmigung von Ulrich Schacht, Förslöv (Schweden).

 PETER SCHÜTT
(geb. 1939 Basbeck b. Hemmoor/Nordniedersachsen)

26 P. Sch.: Zwischen Traum & Alltag. Fischerhude: Atelier im Bauernhaus, 1981. (Fischerhuder Texte. 48.) S. 81 f. – © 1981 by Verlag Atelier im Bauernhaus, Fischerhude.

THEODOR STORM (1817 Husum – 1888 Hademarschen/Holstein)

16, 82 Th. St.: Gedichte. Auswahl. Hrsg. von Gunter Grimm. Bibliogr. erg. Ausg. Stuttgart: Reclam, 1997 [u. ö.]. (Reclams Universal-Bibliothek. 6080.) (1) S. 24 f. (2) S. 9 f.

LUDWIG STRAUSS
(Pseudonym: Franz Quentin; 1892 Aachen – 1953 Jerusalem)

75 L. St.: Gesammelte Werke in vier Bänden. Hrsg. von Tuvia Rübner und Hans Otto Horch. Bd. 3,1: Lyrik und Übertragungen. Hrsg. von Tuvia Rübner. Göttingen: Wallstein, 2000. (Veröffentlichungen der Deutschen Akademie für Sprache und Dichtung. 73.) S. 310. – © Wallstein Verlag, Göttingen 2002.

KURT TUCHOLSKY
(Pseudonyme: Peter Panter, Theobald Tiger, Ignaz Wrobel, Kaspar Hauser; 1890 Berlin – 1935 Göteborg)

113 In: Ulk. Jg. 48. Nr. 23. 8. August 1919. S. 114.

CHARLOTTE UECKERT
(geb. 1944 Oldenburg, als Charlotte Hanssmann)

69 Ch. U.: Kein Horizont zu weit. Gedichte mit Bildern von Kuni Beerkast. Hamburg: Dölling und Galitz, 1995. S. 9. – Mit Genehmigung von Charlotte Ueckert, Hamburg.

GEORG VON DER VRING
(1889 Brake/Unterweser – 1968 München)

36, 58, 94 G. v. d. V.: Die Gedichte. Gesamtausgabe der veröffentlichten Gedichte und eine Auswahl aus dem Nachlass. Mit einem Nachw. von Christoph Meckel. Hrsg. von Christiane

Peter und Kristian Wachinger. Ebenhausen b. München: Langewiesche-Brandt, ²1996. (1) S. 456 f. (2) S. 441 f. (3) S. 111 f. – © Verlag C. H. Beck, München, vormals Verlag Langewiesche-Brandt.

JAN WAGNER (geb. 1971 Hamburg)
96, 108 J. W.: Selbstporträt mit Bienenschwarm. Ausgewählte Gedichte 2001–2015. München: Hanser Berlin, 2016. (1) S. 143. (2) S. 148. – © 2016 Hanser Berlin in der Carl Hanser Verlag GmbH & Co. KG, München.

DIETER WELLERSHOFF (geb. 1925 Neuss)
32 D. W.: Zwischenreich. Gedichte. Köln: Kiepenheuer & Witsch, 2008. S. 54. – © 2008, Verlag Kiepenheuer & Witsch GmbH & Co. KG, Köln.

